AF145335

Anna Schepperle

Ladies, lasst mal gründen gehen –
Der Weg zur erfolgreichen
Unternehmerin

"Hey, Anna, das ist eine super Idee von dir. Vielen Dank! Du bist gekündigt.»

Das tat weh. Sehr weh. Ich erinnere mich sehr gut an die folgenden Horrorwochen voller Selbstmitleid, Wut, Ratlosigkeit und Tränen. Ich war noch nie gekündigt worden. Ich hatte meinen ehemaligen Arbeitgeber verlassen, um diesen (sorry) Scheiß-Laden wieder aufzubauen. Und dann wurde ich einfach vor die Türe gesetzt? Und zwar im wahrsten Sinne des Wortes. Ich wurde von der Inhaberin persönlich zur Türe begleitet, nachdem sie mir lächelnd erklärt hatte, dass es leider nicht mehr passen würde und sie «einiges gehört hatte».

Kennst du das Gefühl, wenn etwas einfach nur unglaublich unfair ist?

Wenn du erst kräftig schlucken musst und dann merkst, wie du im nächsten Moment innerlich anfängst zu kochen? Wenn dein Blut Richtung Schädeldecke rauscht und du innerlich so wütend wirst, dass du denkst, dir platzt gleich die Rübe?

Und dann sagst du: NICHTS. Gar nichts.
Vor lauter Gedanken ist plötzlich der Verstand weg.

So wütend war ich. Es war so ungerecht.

Die nächsten Wochen waren einfach nur schlimm. Ich hörte alle möglichen Stories. Dass ICH gekündigt hätte, SIE im Stich gelassen hätte, dass sie mich kündigen mussten, weil ich mich woanders beworben hatte... Mein ehemaliges Team erzählte, dass sie jedem einzelnen die Führungsrolle angeboten hatten, nachdem ich weg war. Ich fühlte mich grauenvoll, ausgenutzt, nicht wertgeschätzt und war verzweifelt, weil ich genau spürte, dass mein Ego mit meiner Seele kämpfte.

Mein Ego schrie: «Stell das richtig. Lass das nicht auf dir sitzen.» Mein Ego wollte Rache. Ganz klar. Sich noch ein bisschen in der Ungerechtigkeit und in der Vergangenheit suhlen.

Meine Seele rief: «Verzeih diesen Heinis, denn sie wissen nicht, was sie tun. Amen» Meine Seele wollte die Chancen sehen, nach vorne schauen, weitermachen, darauf vertrauen, dass es das Leben gut mit mir meint.

Ich flog nach Thailand – ich brauchte Abstand. Und vor allem musste ich mir Gedanken machen, was ich jetzt machen sollte. Mich wieder anstellen lassen? Ich hatte die Luft als Geschäftsführerin geschnuppert und wusste, ich wollte wieder die Freiheit haben, eigenständige Entscheidungen zu treffen, ein Team zu führen und keine Autorität über mir haben. Ich wollte mein Ding machen… Selbstständigkeit? Aber wie und mit was? Ich hatte keine Kohle, war 26 Jahre alt und neu in der Schweiz. Ein Küken mit wenig Erfahrung und einem viel zu großen Ego. Schlechte Vorrausetzungen, oder? ☺

Ich wollte: Freiheit.
Weg mit den Heinis über mir. Keine Autoritäten.
Ich wollte mein eigenes Ding machen.

GRÜNDEN.

Und so entstand mein erstes Unternehmen. Ein Coaching-Unternehmen für Führung und Verkauf in der Schweiz.

Sechs Jahre, sieben Unternehmensgründungen, eine Pleite und einen Unternehmensverkauf später, und vor allem um einen immensen Erfahrungsschatz reicher, sitze ich hier und kann eins sagen: Ein Unternehmen zu gründen und es erfolgreich werden zu lassen, sodass es Spaß macht UND man es sich gut gehen lassen kann, ist leicht. Und trotzdem ist es absolut nicht einfach. Es gehören viele mutige Entscheidungen und vor allem sehr viel persönliche Entwicklung dazu.

Ich hätte mir damals gewünscht, eine Frau an meiner Seite zu haben, die mir als Vorbild und Inspiration, aber vor allem als Freundin, Mentorin und Coach dient. Das hätte mir viele Fehler, viel verlorenes Geld und vor allem so viel Einsamkeit erspart, denn ich habe mich immer anders gefühlt als alle anderen Frauen da draußen, weil ich den Wunsch hatte, mich zu verwirklichen.

In diesem Buch teile ich die 10 «Geheimnisse» erfolgreicher Gründerinnen mit dir. Du lernst, wie du dein eigenes Unternehmen gründest, aufbaust und es zum Erfolg führst.

Lass uns gemeinsam die Welt durch dein Herzensbusiness besser machen, erfolgreich sein, nach den Sternen greifen und mit deinem Business eine Delle ins Universum schlagen.

Lady, lass uns … GRÜNDEN GEHEN!

1. Geheimnis: Sei das YIN & das YANG

Der Hauptgrund, warum viele Frauen nicht erfolgreich sind, liegt darin, dass sie es nicht schaffen, in ihre männliche Energie zu kommen. Wir alle besitzen beide Anteile (übrigens: alles in unserem Leben besitzt zwei Anteile) – einen weiblichen und einen männlichen. Das Yin und das Yang.

Das Yin steht für die weibliche Energie – das GEBEN können im Leben. Das können wir Frauen häufig sehr gut. Eher zu gut ☺ Es steht für das Aufopferungsvolle, das Gebären eines Kindes, das Umsorgen der Freunde und der Familie, das Fühlen und Spüren. Frauen, die eine starke weibliche Energie haben, haben oft eine große Empathie, können sich also gut in andere Menschen hineinfühlen. Sie haben einen guten Draht zu ihrer Intuition und sind sehr emotionsgesteuert. Entscheidungen werden eher aus dem Bauch heraus getroffen bzw. aus dem Bauch heraus gefühlt. Getroffen werden sie leider eher selten und umgesetzt schon gar nicht.

Das Yang ist das genaue Gegenteil bzw. die gute Ergänzung. Hier ist die männliche Energie vorherrschend – das NEHMEN/ EMPFANGEN. Menschen mit einer hohen männlichen Energie sind sehr stark im Umsetzen von Entscheidungen. Tatendrang und Dynamik stehen im Vordergrund. Argumente werden rational begründet.

In der Geschäftswelt benötigst du beide Energien. Die eine ist oft schon von Natur aus ausgeprägter – je nach Erziehung, Umfeld und Charakteristik eines Menschen. Die andere bleibt leider aufgrund von mangelndem Verständnis, WIE wichtig beide Anteile sind, auf der Strecke. Ich würde behaupten, dass viele Frauen mindestens DOPPELT so erfolgreich sein könnten, wie sie es bisher sind, wenn sie beide Anteile beachten würden. Vielleicht gehörst du hier ebenfalls dazu. Beide Anteile kann man lernen, sich antrainieren, so wie einen Muskel, der zwar vorhanden, aber aktuell noch verkümmert ist.

Hier ein kleiner Test, damit du erkennst, ob bei dir eher der männliche oder der weibliche Anteil trainiert werden sollte. Beantworte bitte intuitiv folgende Fragen. Du solltest nicht länger als 3 Sekunden benötigen, um auszuwählen. Vertraue darauf, dass dein Unterbewusstsein genau weiß, was die richtige Antwort ist:

1. Du stehst in einer Autoschlange und weißt, dass rechts zu überholen verboten ist. Trotzdem siehst du einige Menschen, die rechts vorbeifahren, um sich vorne wieder einzufädeln. Du weißt, dass das schneller gehen, aber auch, dass du viele böse Blicke und böses Gehupe ernten würdest.
    Ganz ehrlich, was tust du?

    A) Ich bleibe links. So viel länger dauert das jetzt auch nicht und ich will niemanden verärgern.
    B) Ich nehme die rechte Spur. Ist mir doch egal. Hauptsache ich komme schneller an.

2. Du kommst in einen Raum und spürst sofort, wie die Stimmung darin ist. Wenn du abends heimkommst, merkst du manchmal, wie es dich ausgelaugt hat, all die Emotionen der Menschen zu spüren, selbst wenn sie nichts sagen.

    A) Ja, ich weiß genau, was du meinst.
    B) Nein, ich weiß nicht, was du meinst. Ich kann das gut ausblenden.

3. Bist du der Mensch, zu dem alle gerne kommen, wenn sie ein Problem haben?

A) Ja, total
B) Eher nicht, nein

4. Ist dir Harmonie wichtiger als Recht zu haben?

A) Ja, sehr oft
B) Nein, eigentlich möchte ich, wenn ich weiß, dass ich Recht habe, auch Recht bekommen

5. Bei dir kommen immer zuerst alle anderen, dann du selbst.

A) Ja, das ist meistens der Fall.
B) Nein, ich achte darauf, dass es mir gut geht – nur dann kann ich anderen helfen

6. Wie oft hast du in den letzten Tagen klar NEIN zu jemandem/ etwas gesagt?

A) Maximal 1-2mal
B) Sicherlich täglich ein paar Mal

7. Deine Freunde sagen über dich,

A) Dass du harmoniebedürftig, liebevoll und aufopferungsvoll bist.
B) Dass du ehrlich, direkt und zielstrebig bist.

Anhand dieses Tests erkennst du, ob deine männliche oder deine weibliche Energie ausgeprägter ist. Hast du mehr A angekreuzt, ist deine weibliche Energie deutlich höher und umgekehrt.

Wahrscheinlich ist das nichts neues für dich und du fragst dich, was die Kombination aus beiden Energien mit Erfolg im Business oder im Leben zu tun hat.

Ich erkläre es dir anhand einer kleinen Geschichte…

Annabell ist 12 Jahre alt. Sie wächst in einem strengen Elternhaus auf und natürlich übernehmen beide Elternteile einen jeweiligen Part – den männlichen und den weiblichen.

Ihre Mutter ist fürsorglich, liebevoll, kümmert sich gerne um die Familie und ist immer und jederzeit für alle da. Ihr Vater arbeitet viel, ist selten zuhause und wenn, dann macht er die Regeln und kontrolliert, ob alle Regeln eingehalten werden.

Eine sehr klare Rollenverteilung und aufgrund von Annabells Charakteristik und ihrer Erziehung kann sie sich mit dem Verhalten ihres Vaters besser arrangieren. Sie übernimmt viele Sichtweisen, Eigenschaften, Werte und wird immer mehr und mehr «wie ihr Vater».

In den späteren Jahren übernimmt Annabell eine führende Rolle in einer Bank, wo sie sehr stark punktet mit ihrer direkten, fordernden und zahlenorientierten Art. Die Männer respektieren sie und mögen ihren Führungsstil.

Bei den Frauen sieht es anders aus. Annabell wirkt kühl und distanziert, Zahlen, Daten und Fakten interessieren sie mehr als der Mensch. Das wirkt abschreckend und eine Frau nach der anderen verlässt Annabells Team.

Sie kann zunächst nicht begreifen, woran das liegt. Sie hat doch Recht, wenn sie kritisiert? Und sie tut es sachlich und klar, mit Beweisen untermauert?

Ich bin mir sicher, du erkennst, worin das «Problem» liegt, oder? Annabells weibliche Seite ist sehr verkümmert und dadurch hat sie sehr oft Schwierigkeiten, wenn diese Seite gefordert wird.

Unser Erfolg im Leben hängt von der Kommunikation mit anderen Menschen ab. Egal in welchem Bereich. Willst du gute, ehrliche, auf Vertrauen basierende Freundschaften führen? Dann braucht es beides – ein offenes Ohr, aber auch klare und ehrliche Worte.

Willst du gesund und fit durch dein Leben gehen? Dann musst du deinen Körper lieben und achten und verwöhnen, aber ihn manchmal auch aus der Komfortzone treiben, streng mit dir sein und aktiv werden.

Du willst viel Geld verdienen und finanziell frei sein? Dann musst du bereit sein zu investieren, mutig sein, aber auch zurückhaltend und sparsam, wenn es angebracht ist.

Du willst Erfolg in deinem Job? Dann musst du Menschen führen können und Menschen müssen dir folgen WOLLEN. Dazu werden Empathie und Einfühlungsvermögen, aber auch klare Ansagen und konsequente Handlungen benötigt.

Du möchtest eine liebevolle Ehe führen? Dann braucht es Liebe und Offenheit dem anderen, aber auch dir selbst gegenüber. Und somit klare Grenzen und Absprachen.

Wenn du ein Mensch bist, der alles mit sich machen lässt, dann wundere dich nicht, wenn das auch passiert, und zwar EGAL, in welchem Lebensbereich. Dein Charakter ist dein Charakter, egal ob im Beruf, in den Finanzen, in Beziehungen, der Familie, der Gesundheit oder der Partnerschaft. Meiner Meinung nach ist es Blödsinn, zu sagen, hier bin ich so und dort bin ich ganz anders. Wenn das der Fall ist, dann spielst du eine Rolle, trägst eine Maske, aber hast noch nicht verstanden, dass du auch diese zu einem Teil deiner Persönlichkeit machst.

Da dies ein Buch über die Erfolge im Business sein soll, berichte ich dir aus meiner eigenen Erfahrung und ich würde behaupten, dass wirklich erfolgreiche Unternehmer beides verkörpern – weibliche und männliche Energie.

Ich habe eine sehr starke männliche Energie und mittlerweile auch eine sehr stark ausgeprägte weibliche Energie, aber es hat lange gedauert, um diese hervorzuholen.
Die starke männliche Energie hat mich immer umsetzen lassen. Ich habe keine Angst davor, Entscheidungen zu treffen. Ich sage nein zu Dingen, die ich nicht möchte und klar ja zu Dingen, die ich möchte. Ich war schon immer eine sehr selbstbewusste Frau und habe mir im Leben immer genommen, was ich mir nehmen wollte.

Wenn du mich fragen würdest, woher das kommt, würde ich dir sagen, dass ich die Kombination aus meinem Charakter, der harten Erziehung meines Vaters und meiner sehr starken Konfrontation mit mir selbst bin. Ich habe mich nie gescheut, Dinge anzupacken, und das ist immer noch ein klares Credo von mir. Um erfolgreich zu sein, musst du MACHEN.

So sind viele Männer und das ist auch der Grund, warum viele erfolgreiche Menschen im Job sehr oft männlich sind. Diese Eigenschaften bringen dich sehr weit. Aber es wird eben beides benötigt. Man muss Schmerz und Ablehnung ertragen und Entscheidungen treffen, Nein und klar JA sagen und manchmal einen Sche*** auf das geben, was andere sagen (darauf gehe ich später noch genauer ein).
Aber es bedeutet eben auch, dass wir sanftmütig mit anderen Menschen sind, dass wir Liebe zeigen, Zuneigung und Nähe zulassen. Dass wir uns zurückstellen können, unser Herz sprechen lassen und

annehmen lernen. Es gab eine Phase in meinem Leben, da wusste ich, wenn ich das jetzt nicht lerne, dann wachse ich nicht weiter in meiner Persönlichkeit. Und bekanntlich bringt uns das Leben immer wieder ein und dieselbe Lektion, bis wir das lernen, was wir lernen sollen…

Hierzu eine Geschichte aus meinem Unternehmerleben: Es ist der 5. Juni 2021 und ich stehe vor dem Grand Casino in Basel. Wir haben zweimal im Jahr Company Days und dieses Jahr, dieses Wochenende, sind sie besonders wichtig. Wir stecken mitten in einer Pandemie, von der unsere Gesundheitsclubs stark betroffen sind. Gefühlt sind die Company Days so wichtig wie noch nie. Es gilt jetzt, Sicherheit zu vermitteln, den Mitarbeitern das Gefühl zu geben, das alles gut wird, ihre Jobs sicher sind und ich als Unternehmerin alles unter Kontrolle habe. Es ist eine klare Strategie kommuniziert worden und aufgrund dessen, dass das Unternehmen noch so jung ist und schon einige Entwicklungen durchlaufen hat und dann noch die Coronapandemie herrscht, ist es umso wichtiger, dass die heutige besprochene Strategie und das heutige kommunizierte Ziel des Unternehmens stehen bleiben und nicht verändert werden.
Ich stehe nach dem ersten Tag also vor dem Grand Casino und beobachte einige Leute aus meinem Team. Es mussten heute klare Ansagen gemacht werden und die Energie meinerseits war durch und durch männlich. Klar, deutlich und strukturiert – genau das, was es in diesem Moment gebraucht hat, um den unkoordinierten und verunsicherten Haufen wieder in die richtige Richtung zu lenken.
Auf einmal trifft mich ein Regentropfen auf der Nasenspitze… und noch einer… hmm, schade, denke ich – wir wollten morgen einige Teamspiele draußen veranstalten. Morgen soll der Tag der Zukunft werden,

teamorientiert, positiv und spaßig, das, was neben der Klarheit und der Führung eben auch wichtig ist.

«Anna, hast du mal eine Minute?» Hinter mir steht Kai, unser neuer Manager, eingestellt für unseren Club in Rheinfelden. Ich sehe ihn an und brauche keine drei Sekunden, um zu sehen was los ist. Er erklärt mir, dass er am heutigen Tag festgestellt hat, dass er die falsche Person ist und das Unternehmen jemanden braucht, der zu 100% hinter dem steht, was er tut und er nicht derjenige ist, da er im Kopf schon überlegt, ob er wieder zurück nach Deutschland ziehen soll…

In meinem Kopf rauscht es… ich schwanke zwischen einem: «Willst du mich verarschen? Wir haben dich einen Monat lang eingearbeitet, Zeit und Energie investiert und dein ganzes Team verlässt sich darauf und das fällt dir jetzt ein?» und einem «Okay, dann mach das und gehe deinen Weg. Ich vertraue darauf, dass alles kommt, wie es kommen soll». Ich entscheide mich für zweiteres.

Kennst du das? Es gibt Situationen im Leben, die ziehen dir den Boden unter den Füßen weg und du kannst nicht erklären, warum? Bei mir hatten schon einige Mitarbeiter gekündigt und ich hatte ebenfalls schon einige gekündigt. Ich war es gewohnt, dass man meine Unternehmen als Arbeitnehmer liebt oder eben nicht und dann geht. Wir waren nie und werden niemals der 0815 Arbeitgeber sein, dafür legen wir viel zu viel Wert auf eine enge Bindung im Team und dazu muss es einfach immer zu 100% passen. Es war nicht die Tatsache, dass er gekündigt hatte, es war die Tatsache, dass ich meine Unternehmensstrategie hinterfragte. Wir fanden einfach keine guten Manager. Hatten wir zu hohe Ansprüche? Musste die Person zu viel mitbringen? Gab es sie auf dem Markt einfach nicht? Oder woran lag es, dass wir bei fünf Unternehmen nur eine Managerin

13

hatten, bei der ich mir zu 100% sicher war (und sie sich auch), dass sie die richtige für diesen Job war?

Einer meiner wichtigsten Werte ist Authentizität und ich wusste genau, ich kann morgen nicht auf der Bühne vor 40 Mitarbeitern stehen und das nicht erwähnen oder einfach abtun und sagen: «Ja, meine Lieben, hat halt nicht gepasst, suchen wir WIEDER jemand neuen.»

Ich saß keine 5 Minuten später in der Lobby und spürte, dass mich meine Emotionen überkamen. Ich war müde, ausgelaugt, verzweifelt und wusste einfach nicht mehr, was richtig war. Und gleichzeitig wusste ich, dass diese Emotionen das letzte waren, was mein Team gerade von mir gebrauchen konnte. Ich sprach mit meinem Kader und versuchte mir ihre Ideen anzuhören, was wir tun konnten, um morgen eine Strategie zu liefern, die das Team nicht verwirrte und trotz allem für Motivation und gute Laune sorgen würde...

Als ich an diesem Abend nach Hause fuhr, saß ich noch zwei Stunden heulend in meinem Auto, weil ich einfach nicht wusste, was ich machen sollte. (Und da erzählen sie immer vom Glitzer und Glamour, wenn sie vom «Entrepreneur-Dasein» sprechen? ☺)

Als ich am nächsten Morgen wieder ins Casino fuhr, wusste ich ehrlich gesagt überhaupt nicht, wie ich was sagen wollte. Ich hatte am Abend zuvor in meinem Bett meine Blätter der Präsentation angestarrt und sie kamen mir so unglaublich falsch vor. Ich stand auf der Bühne und schaute in die Augen meines Teams. Gespannt, hoffnungsvoll, erwartungsvoll... In die Augen des Teams Rheinfelden, denen ich zuvor mitgeteilt hatte, dass Kai nicht bleiben würde (was sie übrigens sehr positiv aufnahmen). Und genau jetzt kam der Moment, der eines meiner größten Learnings war und mich sehr stark wachsen ließ.

Ich ging von der Bühne und bat alle, sich in einem Stuhlkreis hinzusetzen. Ich schaute durch in die Runde und spürte, dass meine Mitarbeiter merkten, dass irgendetwas anders war als sonst. Ich schaute sie an und fing einfach an zu weinen. Ich sagte ihnen, dass ich nicht wisse, was gerade richtig sei, dass ich ihnen aktuell nicht DIE Strategie bieten könne, die uns aus dem ganzen Coronaschlamassel wieder herausziehen würde und auch, dass ich aktuell den Fehler nicht sah, den wir machten und somit auch keine Lösung parat hatte. Ich war komplett in meiner weiblichen Energie – offen, verletzlich, emotional und komplett ohne mein Ego – ich war einfach komplett nackt vor ihnen.

Wie ihre Reaktion darauf war?

So, wie sie sehr oft ist, wenn wir uns trauen, in die andere, neue Energie einzutauchen. Besser als erwartet. Sie erklärten mir ihre Sichtweise, warum Kai gegangen war, sie sahen das Ganze als nicht so schlimm an und vor allem – sie signalisierten mir, dass ihr Vertrauen in mich als Führungskraft und in das Unternehmen nicht annähernd getrübt waren, nur weil wir gerade keine klare Strategie hatten.

Der Tag wurde noch gut und auch wenn ich am Abend fix und fertig war, wusste ich, diese Company Days waren mit Abstand die intensivsten, die das Unternehmen jemals gehabt hatte.

Das Zusammenspiel aus beiden Energien macht uns nicht nur menschlich. Es baut auch Vertrauen auf. Manchmal wird eher die männliche und manchmal eben eher die weibliche Energie benötigt. Und weißt du, was besonders interessant ist? Die meisten Frauen haben keinerlei Angst davor, ihre weibliche Energie rauszulassen Aber bei der männlichen sieht es ganz anders aus. Aus Angst, nicht mehr gemocht zu werden, aus Angst vor Ablehnung und aus Angst aufzufallen und falsch zu liegen… womit wir bei Geheimnis Nummer zwei wären.

2. Geheimnis: Girl, F*** OFF, was andere von dir denken und wie sie über dich reden
(PS: Sie reden sowieso und wenn sie es NICHT tun, solltest du dir Gedanken machen)

Sind wir doch mal ehrlich: Wir denken entweder über andere nach oder über uns selbst, richtig? Menschen, die reflektierter, sich selbst bewusster und weiser sind, denken mehr über sich und ihr eigenes Leben nach als über das der anderen. Menschen, die sich mit sich weniger konfrontieren wollen, die im Außen nach Gründen suchen und die unbewusster in und mit sich sind, denken stattdessen mehr über das Leben von anderen Menschen nach. Es ist UNMÖGLICH, dass Menschen, die auffallen, die ihr Ding machen und die klar beide Seiten ihrer Energie ausleben, die authentisch und lebendig sind, nicht wahrgenommen werden.

Freunde dich mit dem Gedanken an: Wenn du Erfolg in deinem Leben haben willst, dann wirst du auffallen. Und das ist etwas Gutes, denn dann erfährst du sehr schnell, wer dich mag, dich unterstützt und dich pusht und wer dich eben nicht mag und schlecht von und mit dir redet. Diese Menschen kannst du getrost aus deinem Leben streichen. Und ganz ehrlich? Willst du nicht generell nur noch von Menschen umgeben sein, die dich mögen, pushen, unterstützen und feiern für die Persönlichkeit, die du nun mal bist?

Alles, was ich tue, tue ich mit einem reinen und guten Herzen und guten Gedanken und möchte keinem Menschen schaden. TROTZDEM wird einem das als Unternehmerin immer wieder unterstellt. Du wirst Sätze hören wie: «Warum macht sie das jetzt?», «Das würde ich niemals so machen, wieso tut sie das denn? «, «Sie kann das doch gar nicht, soll sie das doch lassen…» oder auch «Es geht ihr doch nur um die Kohle...».

Hier lebe ich nach einem wichtigen Sprichwort: «Einen Löwen interessiert es nicht, was die Schafe über ihn denken.»

Ich baue es noch weiter aus: «Eine Löwin interessiert es nicht nur nicht, was die Schafe über sie denken; sie stehen noch nicht einmal auf ihrem Speiseplan. Zuviel Wolle - zu wenig Substanz».

Aber was ist, wenn Kritik innerhalb des engen Freundes-/ Bekannten-/ Familienkreises geäußert wird? Während wir die meiste Kritik an uns gar nicht wahrnehmen (es wird viel lieber hinter dem Rücken geredet...), hören wir die der Menschen um uns herum eben schon, vor allem, weil sie es ja meistens (vermeintlich) gut mit uns meinen.

Ich habe mir (sinnbildlich) einen Apparat in meinen Kopf gebaut, der alles an mich heran Getragene einmal filtert. Auf folgendes reagiere ich gar nicht: «Dein Vater hat gesagt...« oder «Mein Partner hat gesagt...». Alles, was gesagt wird, soll mir doch bitte direkt mitgeteilt werden.
Gehe zu den Personen, die dies oder jenes gesagt haben sollen, wenn sie in deinem engeren Kreis sind und finde heraus, was sie genau sagen wollten. Keiner kann dir besser sagen, was er meint, als der, der es meint.

Und auch hier, immer in einem persönlichen Gespräch. Die digitalen Medien sollen unsere Kommunikation vereinfachen, verkomplizieren sie aber genauso häufig.

Und dann sollte folgendes passieren:
Person XY sagt dir, was er/sie zu diesem oder jenem sagt und erklärt dir meistens auch, warum er/sie das so findet. Meistens ist einer dieser drei Gründe entscheidend:

1. Eine selbst durchlebte, ähnliche Erfahrung
2. Vermeintliches Expertenwissen auf dem Gebiet
3. Er/sie «kennt dich lange und gut genug, um zu wissen…»

Es gilt jetzt, herauszufinden, ob das stimmt, was Person XY dir sagen will. Es gibt nämlich noch einen feinen Unterschied zwischen Menschen, die die Aussage «Fuck off, was andere über dich denken» als Ausrede nutzen, um sich nicht mit sich auseinander zu setzen und denen, die sie als Motivation nutzen, um sich im Leben nicht auszubremsen.

Es ist sehr wichtig, dass du lernst, Kritik anzunehmen – wenn sie angebracht ist. Und es liegt an dir, zu entscheiden, ob du findest, dass sie das ist oder nicht.
Wenn dir also Person XY etwas sagt, wie: «Ich denke nicht, dass das zu dir passt.», dann lasse diesen Satz erst einmal bei dir ankommen, bevor du reagierst. Sage der Person vielleicht auch, dass du dir darüber Gedanken machen wirst, ob das stimmt oder nicht.

Und dann stelle dir folgende Fragen:

1. Trifft diese Person mich damit, wenn sie mir das sagt?
2. Verunsichert mich diese Aussage?
3. Wenn dieselbe Aussage eine Person getroffen hätte, bei der ich wüsste, dass sie die größtmögliche Expertise auf diesem Gebiet hat, würde ich dann noch darüber nachdenken?
4. Hat diese Person vielleicht recht?
5. Wenn nein, was glaube ich, warum teilt diese Person mir diese Aussage mit?
6. Habe ich trotzdem das Gefühl, dies oder jenes tun zu müssen/ zu wollen? Und wenn ja, warum?

Ich gebe dir ein Beispiel aus eigener Erfahrung, damit es noch greifbarer wird.

Meine Mutter (die, wie die meisten Mütter, immer nur das Beste für mich will), hielt damals nicht viel davon, dass ich mich selbstständig gemacht hatte. Es kamen Aussagen wie: «Du kommst doch gar nicht aus dieser Branche und kennst dich nicht aus.», «Was ist, wenn es schief geht?» und als ich mein neuestes Unternehmen eröffnete: «Bist du verrückt? Willst du nicht erst einmal all die anderen «fertig» aufbauen?»

Vor allem der letzte Satz traf mich – also ging ich die 6 Schritte meines Apparates durch:

1. Trifft sie mich? Ja total! Ich bin ein Mensch, der Sachen oft nicht zu Ende bringt bzw. immer tausend Sachen gleichzeitig am Laufen hat.
2. Verunsichert sie mich? Ja! Was wäre, wenn es wirklich schief gehen würde?
3. Ja, noch viel mehr als bei meiner Mutter und genau deswegen habe ich dann auch eine solche Person gefragt und konnte Frage 4, 5 und 6 somit klar beantworten.
4. Nein. Was bedeutet es denn, «die anderen Unternehmen fertig aufzubauen?» Gibt es ein «Ende» bei einem Unternehmen? Ist es jemals sicher, ein Unternehmen langfristig gut zu leiten? Ich denke nicht. Im Gegenteil, manchmal trägt ein neues Unternehmen dazu bei, dass ein Wachstum bei den anderen entsteht, manchmal inspiriert es die anderen zu neuen Ideen, es erhöht die Bekanntheit... oder es geht schief, ja, das kann sein, aber kein Mensch wird Unternehmer/in, weil er/sie Sicherheit sucht.

5. Somit also hier ihre persönliche Erfahrung. Sie möchte mich schützen, weil sie mich liebt und sie ist keine Unternehmerin, also kann sie mir dahingehend einfach nicht nachempfinden.
6. Ja, ja und nochmals ja! Gerade, weil ich spüre, dass sie meine Angst wachruft, treffe ich diese Entscheidung nochmals bewusster ☺

Es war also sehr wichtig, ihre gut gemeinte Kritik durch meinen Apparat laufen zu lassen. Mir wurde wieder einmal bewusst, was Unternehmertum genau bedeutet – und dass auch ich hier weiterhin mit Sorgen und Ängsten zu kämpfen habe.

Ein anderes Beispiel von einer Aussage, die mich nicht im Ansatz traf:
Ein Kunde bekam mit, dass ich ein weiteres Unternehmen gründete, und meinte, einer meiner Mitarbeiterinnen mitteilen zu müssen, für wie schwachsinnig er dies in der aktuellen Pandemiezeit hielt. Ich bin ein sehr reflektierter Mensch und mittlerweile laufen Aussagen von anderen Menschen automatisch durch mein 6-Schritte-Apparat – also auch hier:

1. Es traf mich nicht.
2. Es verunsicherte mich nicht.
3. Nur wenn sie von einem erfahrenen Unternehmer in dieser Branche kam, der in einer Pandemiezeit ein neues Unternehmen aufbaute, welches von den Einschränkungen in der Pandemie betroffen war.
4. Nein.
5. Weil Menschen immer über sich oder andere nachdenken – er offensichtlich mehr über mich als über sich.
6. Ja.

Das war nun ein Beispiel von einer Person, deren Aussage mich nicht dazu bewog, meine Entscheidung zu überdenken.

Die meisten Frauen müssen eher lernen, 30% mehr FUCK OFF zu denken und sich einen Apparat einzubauen, durch den sie Aussagen laufen lassen, bevor sie ihre Entscheidungen oder Handlungen überdenken. Und ganz ehrlich: Manchmal lieber einmal zu viel FUCK OFF gedacht und reingelaufen, als auf alles zu hören, was alle anderen sagen und als Kopie vieler Meinungen durchs Leben zu gehen, oder?

3. Geheimnis: In welcher Welt lebst du? Welche Gesetze gelten dort?

Jeder Mensch nimmt die Welt so wahr, wie er sie eben wahrnimmt. Jeder hat eine Brille auf und sieht das, was er sehen will, so, wie er es sehen will. Okay, soweit, so klar.

Sollte sich dann nicht auch jeder Gedanken darüber machen, welche Gesetze/ Werte in «seiner» Welt regieren? Die meisten Frauen sind leider mehr Fähnchen im Wind und ändern ihre Sichtweise, ihre Werte und alles andauernd so, wie es im Außen gerade erforderlich ist. Das macht sie anpassungsfähig und unsichtbar, aber nicht authentisch und glaubwürdig.

Wenn du Erfolg haben willst, musst du glaubwürdig sein. Vor allem im Job. Keiner folgt jemandem, der seine Meinung alle zwanzig Minuten ändert, immer Everybody's Darling sein will und keine klare Linie hat. Das für mich wichtigste Tool ist es, immer nach den eigenen Werten zu leben. Ich habe mir sehr viel Zeit genommen, um meine drei wichtigsten Werte, nach denen ich leben möchte und mein Leben gestalten will, herauszufinden. Diese Werte ändern sich maximal alle paar Jahre, wenn die Lebensumstände sich ändern, aber nicht alle 2 Stunden. Was meine ich genau damit?

Für den beruflichen Erfolg sind Werte unglaublich wichtig. Stelle dir vor, Oprah oder J.K Rowling, die klar die Werte Durchhaltevermögen, Mut und Kreativität verkörpern, hätten damals ständig geschwankt zwischen Freiheit, Leichtigkeit und Sicherheit… Wenn du deine Werte deklarierst, dann sei dir bewusst, wo du in deinem Leben hinwillst, also zu welcher Frau du werden willst. Wenn du merkst, dass du die passenden Werte überhaupt nicht verkörperst, solltest du dich fragen, ob deine Ziele/ Visionen wirklich deiner selbst entsprechen (Thema: Finde dein WHY – kommen wir später noch darauf zu sprechen).

Wenn du ein außergewöhnliches Leben willst, also sagen wir mal à la Oprah Winfrey, dann musst du dir Gedanken darüber machen, WIE du als diese Frau in der Zukunft bist. Mut steht hier ganz oben. Wenn du auf jeden Fall dein eigenes Unternehmen gründen und dein eigenes Ding machen möchtest, ist der Wert Sicherheit direkt mal an den Nagel zu hängen. Wenn du später in einer Luxusvilla auf den Bahamas leben willst, sollte Bescheidenheit nicht der Wert sein, nach dem du tagtäglich lebst. Ich denke, du verstehst, was ich dir sagen möchte? Es ist, um herauszufinden, welche Gesetze in deinem Leben gelten sollten, von unsagbarer Wichtigkeit, dass du dir erst einmal darüber klar wirst, wie ein Tag in deinem Leben in 20-30 Jahren aussehen soll.

Führe dazu die folgende Übung durch:
Stelle dir vor, du schreibst ein Buch über eine Frau, die dein perfektes Traumleben lebt. Es gibt keine Grenzen, keine Beschränkungen, ALLES ist möglich. Dieses Buch inspiriert und beflügelt dich und lässt dein Herz hüpfen.

Wie sieht ein Tag bei deiner fiktiven Person aus? Wo lebt sie? In einem Haus am Meer oder einem Chalet in den Bergen? Mit wem lebt sie dort? Mit ihrem Partner, ihrer Familie, ihren Kindern, ihren Freunden oder allein? Wie ist das Wetter? Alle vier Jahreszeiten oder immer schön sommerlich warm? Was sieht sie, wenn sie aus dem Fenster blickt? Wann steht sie auf, was macht sie als erstes? Wie läuft ein Tag bei ihr ab? Mit wem verbringt sie Zeit? Was arbeitet diese Frau? Was erschafft sie? Was gibt es zu essen? Baue jedes Detail mit ein. Und jetzt überlege dir – WIE IST DIESE FRAU? Was würde diese Frau dir sagen, was wichtig war, um so ein Leben führen zu können? Welche drei Ratschläge würde sie dir mit auf den Weg geben, wenn du dieses Leben oder ein ähnliches führen wollen würdest? Schreibe es auf!

«Der perfekte Tag von   »:

Und nun machen wir direkt Übung Nummer zwei, um deinen eigenen Werten ein Stück näher zu kommen.

Im Anschluss findest du eine Liste mit Werten. Suche dir die zehn Werte heraus, die du intuitiv verkörpern möchtest und die auch zu deinem Traumleben passen.

Harmonie	Gesundheit	Gelassenheit
Freiheit	Austausch	Sportlichkeit
Verantwortung	Großzügigkeit	Charisma
Glück	Nachhaltigkeit	Häuslichkeit
Lust	Begeisterung	Wissen
Herzlichkeit	Frieden	Einsicht
Achtsamkeit	Toleranz	Engagement
Mitgefühl	Tradition	Liebe
Sinn	Veränderung	Weisheit
Humor	Kompetenz	Rücksicht
Leichtigkeit	Genuss	Aufregung
Freude	Kommunikation	Lust
Selbstbestimmung	Verbindlichkeit	Flexibilität
Ruhe	Zuverlässigkeit	Spaß
Gelassenheit	Ordnung	Klarheit

Leidenschaft	Kreativität	Offenheit
Offenheit	Schönheit	Großzügigkeit
Loyalität	Vitalität	Präzision
Natürlichkeit	Erfolg	Besonnenheit
Sicherheit	Demut	Glaubwürdigkeit
Spiritualität	Dankbarkeit	Beharrlichkeit
Ruhm	Spielen	Ausdauer
Würde	Tiefe	Tradition
Gleichmut	Entwicklung	Heimat
Fairness	Geborgenheit	Weltbürger-Dasein
Stabilität	Akzeptanz	Erfolg
Wertschätzung	Toleranz	Natur
Fairness	Kraft	Frohsinn
Sorgfalt	Zärtlichkeit	Leistung
Bescheidenheit	Sinnlichkeit	Natürlichkeit
Innovation	Lebenslust	Klugheit
Macht	Ästhetik	Leidenschaft
Kompetenz	Vielfalt	Neugierde

Hingabe	Feiern	Fantasie
Unabhängigkeit	Behutsamkeit	Treue
Integrität	Effektivität	Herausforderung
Menschlichkeit	Effizienz	Lachen
Güte	Bewusstheit	Besonnenheit
Wandel	Hoffnung	Geduld
Perfektion	Optimismus	Träumen
Genialität	Ehrlichkeit	Freundschaft
Zuversicht	Frieden	Eleganz
Beständigkeit	Integration	Wärme
Achtung	Lebensfreude	Einzigartigkeit
Reichtum	Weiterentwicklung	Kultur
Fülle	Schutz	Sozial sein
Verbundenheit	Gerechtigkeit	Gemeinschaft
Beweglichkeit	Fröhlichkeit	Zugehörigkeit
Vernetzung	Ernsthaftigkeit	Balance

Nun gilt es, deine drei wichtigsten Werte
herauszukristallisieren. Dazu hinterfragen wir die Werte
erst einmal. Eine sehr wichtige Fragstellung ist hier:
Gibt es vielleicht einen Wert hinter dem Wert? Oft
«verwechseln» wir Werte.

Zum Beispiel: «Familie» ist für viele ein wichtiger Wert. Aber wenn du dich mal fragst: Was gibt mir Familie denn wirklich? Dann kommt bei vielen so etwas wie Sicherheit, Ruhe oder Freiheit heraus.

Ein weiteres Beispiel: Der Wert «Mut» steht bei vielen oben – aber was gibt dir Mut, was bekommst du oder was fühlst du, wenn du mutig bist? Dann kommt vielleicht so etwas wie Selbstverwirklichung oder Anerkennung heraus.

Wichtig ist, die Werte genau zu hinterfragen und ebenfalls zu hinterfragen, ob du diesen Wert auch dann hättest, wenn du auf einer einsamen Insel wärest und es NIEMANDEN interessiert, welche Werte du hast. Was ebenfalls oft passiert, ist, dass wir die Werte unserer Eltern adaptieren, weil wir nach Anerkennung streben und irgendwann feststellen, dass wir ihre Werte in unserem Leben leben.

Wenn dir ein Wert also nicht mehr gefällt oder du ihn ersetzen willst, dann tue das jetzt.

Nun hast du nur noch Werte stehen, die dich verkörpern, mit denen du dich assoziierst und die auch in dein Traumleben passen. Aber stehen da wirklich nur drei Werte oder sind es noch mehr?

Für deine drei wichtigsten Werte vergleichen wir die Werte miteinander.

Als Beispiel:

Freiheit
Familie

Was sagt dein Gefühl intuitiv, was dir «wichtiger» ist oder was du nicht gehen lassen möchtest? Dem wichtigeren gibst du einen Punkt – ganz ohne Wertung.

Freiheit *
Familie
Mut

Dann gleichst du den Wert Freiheit mit dem dritten Wert ab und du gibst wieder dem für dich wichtigsten Wert den Punkt, z.B.

Freiheit **
Familie
Mut

So machst du das mit all deinen Werten und startest dann mit dem zweiten und gleichst ihn mit jedem einzelnen ab. Am Ende schaust du, welche drei Werte die meisten Punkte haben. Sollten es mehr als drei sein, vergleiche sie nochmals und entscheide dich. Es dürfen nicht mehr als drei Werte übrigbleiben. Das heißt nicht, dass du nicht nach den anderen leben darfst und es wertet auch nichts auf oder ab, aber es sollten drei Werte sein, an denen du mindestens drei Jahre lang festhalten kannst und vor allem, die dir ein leichtes Kribbeln im Bauch verschaffen, wenn du sie dir ansiehst.

Deine drei Werte sind:
1.
2.
3.

Nun hast du deine drei Werte, die die Person, die dein Traumleben leben wird, verkörpert, und die du ab heute ausnahmslos leben solltest.

Das war der einfache Schritt – der schwierige wird sein, dein Leben nach diesen drei Werten auszurichten und wirklich nach ihnen zu leben. Aber genau das ist wichtig, wenn du wirklich Erfolg in deinem Business haben möchtest. Dein Business oder deine Karriere, egal wie groß oder klein, hängt mit deiner Persönlichkeit zusammen und deine drei Werte sind deine drei Säulen, auf denen deine Persönlichkeit steht. Deine drei Werte sollten auch mit dem Unternehmen oder deinem Job zusammenpassen, in welchem du arbeitest.

Okay, jetzt bist du eine Frau, die ihren männlichen und weiblichen Anteil kennt und lernt, beide Anteile zu leben, einen Sche*** darauf, gibt was andere sagen und ihr Traumleben sowie ihr drei wichtigsten Werte kennt. Was jetzt? War es das schon, um wirklich Erfolg im Business zu haben? Gott sei Dank nicht, aber das sind drei wichtige Lehren, um deine Persönlichkeit auf den Erfolg vorzubereiten, den du nach dem Umsetzen der nächsten vier Geheimnisse haben wirst:

4. Geheimnis: Babe, Fake it until you make it – FEEL it until you HAVE it!

Dieser Satz ist wahrscheinlich vielen von euch ein Begriff. Und er wird manchmal etwas missverstanden, daher möchte ich euch meine Definition davon erklären. «Fake it until you make it» bedeutet NICHT, dass du dir Sachen kaufen sollst, die du dir nicht leisten kannst oder das Leben leben sollst, dass du noch gar nicht leben kannst.

Es bedeutet: Verhalte dich jetzt schon so wie die Lady, die all ihre Träume erreicht hat. Deine Verhaltensweise, Denkweise und deine Emotionen sollten auf dein Traumleben ausgerichtet sein. Im Buch «The Secret» ist es ganz gut erklärt: Wenn du einen Urlaub buchst, dann bist du dir so sicher, dass deine Planung funktioniert, dass du dich darauf freust, dir die passenden Sachen dafür kaufst und zurechtlegst, dich in Gedanken schon an den Strand beamst und ein Gefühl der Leichtigkeit, Dankbarkeit und der Fülle in dir aufsteigt. Es ist nicht so, dass du daran zweifelst oder sicherheitshalber einen zweiten Urlaub für diese Zeit buchst.

Und genau so ist es mit «Fake it until you make it». Man könnte besser noch sagen: «Feel it until you have it».

Wozu ist das so wichtig? Ich gehe davon aus, dass du erfolgreich in deinem Business sein möchtest. Erfolg definiert jeder anders, aber vermutlich ist klar, dass du möglichst viel Geld damit verdienen möchtest und es dir mehrheitlich Freude bereiten soll, oder?

Okay, jetzt wird es etwas spirituell, aber auch für die Rationalen unter euch: Es gibt ein Gesetz der Quantenphysik, das meine Aussage bestätigt. Dies ist keine «Eso-Kacke», sondern wissenschaftlich belegte Tatsache.

Alles im Universum ist Energie. Feinstoffliche oder grobstoffliche Materie.

Und alles, was du in deinem Leben hast oder bist, hast du durch deine Art, deine Lebensweise oder deine Gedanken in dein Leben gezogen. Das gefällt dir vielleicht nicht, weil du bei gewissen Dingen noch nicht erkennen kannst, welche Lehren, Entwicklungen oder Wachstumschancen darin stecken, aber glaube mir, es ist so. Du kannst also Erfolge und Misserfolge in dein Leben ziehen. Das haben viele schon einmal irgendwo gehört und es gibt auch so schlaue Sprüche wie: «Jeder bekommt das, was er verdient», «Karma holt jeden ein» oder auch «Du ziehst an, was du ausstrahlst». All diese Sätze rühren daher, dass wir eine Ausstrahlung besitzen, die Dinge anzieht.

Es ist sehr wichtig zu verstehen, dass es nicht reicht, zu visualisieren, was man verdienen möchte, wieviel Gewinn das Unternehmen machen soll oder dass man sich dieses oder jenes leisten kann, sondern das ALLES darauf abgestimmt wird. Dein Denken, dein Fühlen und deine Handlungen – denn das ist es, was Ergebnisse produziert.

Ich erkläre es dir anhand zweier Beispiele aus meinem Leben, einmal auf das Thema Beziehungen bezogen und einmal auf den finanziellen Erfolg meiner Unternehmen.

Jeder von uns möchte eine leidenschaftliche, ehrliche und auf Respekt und Vertrauen basierende Liebesbeziehung, die eine Zukunft hat, richtig? Ich auch. Und da mir das Gesetz der Anziehung bewusst ist, visualisierte ich genau, welchen Mann mir das Universum doch bitte backen sollte.

Aber es kam und kam einfach nicht der Passende. Warum? Ich wusste doch genau, was ich wollte, und visualisierte es auch...

Nach langer Arbeit an und mit meiner Persönlichkeit erkannte ich einen sehr tief liegenden Glaubenssatz (übrigens so tief, dass ich ihn am Anfang nicht verstanden hätte, wenn ihn mir einfach jemand an den Kopf geworfen hätte): «Ich bin nichts Besonderes.»

Ich möchte kurz darauf eingehen, woher er kam und woran ich erkannt hatte, dass er es war, der verhinderte, dass ich eine solche Beziehung eingehen konnte. Ich war schon immer eine sehr selbstbewusste Frau. Und hatte ein Problem: Mir wurde in jeder Beziehung sehr schnell langweilig. Wenn ich Paare ansah, die seit zehn Jahren zusammen waren, Kinder bekamen und heirateten, wurde mir schwindlig, weil es für mich eine absolute Horrorvorstellung war, ein «solch langweiliges Leben» zu führen. Ganz ehrlich – gefühlt hatten diese Menschen sich im anderen verloren.
Deswegen hielt ich mich an meine Routine. Regelmäßig musste «was Neues» her. Ich dachte immer, wenn der Richtige kommt, dann hält es eben auch länger.
Und auf einmal wurde mir klar: Ich hatte Angst davor, eine Stufe tiefer zu gehen und von der Verliebtheit in die Liebe zu wechseln, weil ich Angst davor hatte, was passieren würde, wenn der Mann an meiner Seite sah, dass ich eben auch nur ein Mensch war. Langweilig, mit Fehlern und Schwächen, sowie jeder andere auch. Eben einfach nichts Besonderes, so wie alle anderen Menschen auf diesem Erdball auch. Der Glaubenssatz kam aus der Kindheit, aber das ist nicht das Wichtige. Wichtig ist, einen Glaubenssatz zu erkennen und dann aktiv an ihm zu arbeiten.

(Ich führe jetzt auch eine dieser langweiligen Beziehungen, in der man weiß, wann der andere aufs Klo muss, sieht, wenn er lügt und die Routinen eingefahren sind. Gleichzeitig ist er aber auch mein bester Freund, mein Sunday-Buddy und der Vater meines bald auf die Welt kommenden Sohnes ☺)

Klar ist: Solange ich diesen Glaubenssatz nicht auflöste, war es unmöglich, dass ich einen solchen Mann in mein Leben ziehen konnte, der wirklich das verkörperte, was ich mir für mein späteres Leben erträumte. Das Thema der Glaubenssätze kommt zu einem späteren Zeitpunkt nochmals. Es ist für mich mit Abstand das wichtigste und Erfolg am meisten verhindernde Thema überhaupt und in meinem Kurs/ Retreat widmen wir uns einen ganzen Tag lang den Glaubenssätzen, die in deinem Business deinen Erfolg verhindern.

Nun zum zweiten Glaubenssatz, der lange Erfolg in meinem Business verhinderte:

«Erfolg steht mir nicht zu.»

Auch hier ist es nicht zwingend wichtig, wann der Glaubenssatz entstand, obwohl es zur Auflösung durchaus hilfreich ist, zu wissen, wann und durch wen er entstanden ist. Wichtig ist vor allem, woran ich gemerkt habe, dass er existiert und wie ich ihn auflöste.

Eines Tages fragte mein Geschäftspartner sehr beiläufig, welche Projekte ich eigentlich hätte, wenn meine Unternehmen aufgebaut wären und es mich nur noch sehr wenig brauchen würde. Ich konnte ihm diese Frage nicht beantworten. Aber nicht, weil ich nach neuen Projekten suchte, sondern weil ich mir nicht vorstellen konnte, dass meine Unternehmen jemals an einem anderen Punkt stehen würden als sie es zu diesem Zeitpunkt taten.

Ich war es gewohnt, immer um alles kämpfen zu müssen. Ich war es gewohnt, dass mir nichts in den Schoß fiel. Und ich war es gewohnt, dass ich in meinem Leben ständig von Problemen umgeben war. Sobald ich Erfolg in einer Sache hatte, wurde dieser von außenstehenden Umständen wieder kaputt gemacht bzw. «mir weggenommen». Ich konnte es nicht sehen, ich konnte nicht «Feel it until you have it» machen, weil ich keine Leichtigkeit im Erfolg haben fühlen konnte.

Wie ich diesen Glaubenssatz aufgelöst habe? Es ist nicht so, dass du einen Glaubenssatz erkennst, und dann verschwindet er. Da gehört aktive Arbeit dazu. Meines Erachtens macht das 90% aus. «10% Inspiration und 90% Transpiration» (Thomas Edison)

Ich habe mich immer wieder vom Gegenteil überzeugen lassen. Ich habe mir bewusst gemacht, dass dieser Glaubenssatz meinen Erfolg massiv verhindert. Und ich habe mir immer, ich wieder in diese Emotion von «Es muss anstrengend sein» und «Es ist normal, dass nach einem Erfolg direkt wieder ein Misserfolg folgt» kam, meinen neuen Glaubenssatz «Erfolg darf leicht sein und Erfolg ist die Regel, Misserfolg die Ausnahme» gesagt. Und tue es ehrlich gesagt heute noch.

Diese zwei Beispiele veranschaulichen, dass es nicht ausreicht, dir deiner Zielen bewusst zu sein und sie irgendwie zu visualisieren, wenn du tief im Inneren Blockaden und Glaubenssätze hast, die dich am Erreichen deines Traumlebens hindern. Denn es ist wahr: Du ziehst an, was du ausstrahlst. Ich habe mal zu einem Coachee gesagt:

Wenn Bienen sich auf rote Blüten setzen und du eine blaue Blüte bist, kannst du dir lange einreden, dass du rot bist und es dir vorstellen – du bist blau.

Also schau in den Spiegel und erkenne, ob du das, was du anziehen willst, das was du haben möchtest, JETZT schon ausstrahlst?

Wenn du viel Geld verdienen möchtest: Siehst du jetzt schon so aus wie jemand, der viel Geld verdient? Sehen deine Gedanken aus wie die einer reichen Frau? Verhältst du dich wie eine reiche Frau? Fühlst du dich reich? Nein? Dann wundere dich nicht, wenn das mit dem reich werden und bleiben eher schwierig wird.

Denken wie ein reicher und erfolgreicher Mensch, sich verhalten wie ein reicher und erfolgreicher Mensch und sich fühlen wie ein reicher und erfolgreicher Mensch, dass kannst du auch ohne, dass du es bist.

Fahre dein Auto, als wäre es dein Porsche 911 und nicht der klapprige Kia.

Trage deine Kleidung, als wäre sie das 10'000.- Kleid von Yves Saint Laurent und nicht, als wäre es das 1 für 3 10.- Oberteil von H&M.

Richte dein Essen an, als wäre es der handverlesene Reis aus Costa Rica mit einem Hauch von Trüffelöl und nicht wie der Uncle Ben's Reis, der im Angebot war, mit dem Billigöl vom Lidl.

Das Universum verwirklicht jeden Gedanken. Wenn du immer denkst «Ich will aber das oder das haben», dann wird genau dieser Satz Realität – und du wirst nie zufrieden sein, weil du immer noch etwas anderes haben willst. Denke stattdessen: «Ich bin dankbar dafür, dass ich das oder das habe» (aktuelles und zukünftiges, dass, was du mit einem ehrlichen Gefühl der Dankbarkeit fühlen kannst) und du wirst sehen, wie das Universum dir auf einmal Türen öffnet und Dinge liefert, wo vorher nichts passiert ist. Das ist die für den Verstand immer noch unbegreifliche Magie des Lebens. Und sie hängt vor allem mit folgendem zusammen:

5. Geheimnis: Deine erfolgsverhindernden Limitierungen

Wir hatten es bereits davon, welche zwei Glaubenssätze in meinem Leben meinen Erfolg sehr stark ausgebremst hatten und warum es für den Erfolg in deinem Business, aber auch in deinem Leben so wichtig ist, dass du deine Glaubenssätze erkennst. Ich möchte dir in diesem Kapitel einen Einblick geben, was die größten den Erfolg verhindernden Glaubenssätze sind, damit du für dich prüfen kannst, ob einer oder mehrere davon auf dich zutreffen.

Erinnerst du dich an die Geschichte mit der roten und der blauen Blüte? Genau darum geht es. Es ist unmöglich, dass du Erfolg in deinem Business hast, wenn du ständig denkst, «Ich verdiene es nicht erfolgreich zu sein», «Geld macht unglücklich» oder «Geld ist böse und verdirbt den Charakter».

Wusstest du, dass der größte Punkt, warum so viele Frauen NICHT erfolgreich in ihrem Job sind, die Angst vor dem Erfolg ist? Hast du Angst vor großem Erfolg? Ihnen fehlt also der MUT.

Beantworte diese Frage nicht zu schnell mit Nein. Stelle dir mal vor, welches Leben du haben würdest, wenn du so RICHTIG erfolgreich wärest. Du würdest wahrscheinlich nicht mehr dort leben, wo du jetzt lebst, zumindest nicht mehr in dieser Wohnung. Du hättest andere und neue Freunde und ein neues Umfeld. Andere Gewohnheiten, einen anderen Tagesablauf. Du hättest mehr zu verlieren…
Alles wäre anders als jetzt. Und anders macht uns meistens Angst. Obwohl wir immer wollen, dass alles anders ist, will unser Ego das eben überhaupt nicht. Denn unser Ego will, dass alles bleibt, wie es ist. Das ist

das, was unser Ego kennt, und das ist das, was es kontrollieren kann. Wenn du noch nicht dort bist, wo dein Wachstum dich hintreiben könnte, dann hindert dich irgendeine Überzeugung, die du innerlich hast. Wenn wir das nun etwas abkürzen und vereinfachen wollen: Was sind die fünf größten Glaubenssätze, die den Erfolg verhindern?

Lese sie dir durch und markiere dir die, die etwas in dir triggern. Völlig egal, wie groß die Regung in dir ist und woher sie kommt. Markiere dir einfach den Satz:

1. Glaubenssatz: Ich habe es nicht verdient, wirklich erfolgreich zu sein.
2. Glaubenssatz: Erfolg fällt nicht vom Himmel und ich muss ihn mir hart erarbeiten.
3. Glaubenssatz: Ich muss erst Geld/ Erfolg haben, um Geld/ Erfolg anzuziehen.
4. Glaubenssatz: Ich bin nicht gut genug.
5. Glaubenssatz: Erfolg/ Geld zu haben ist Glückssache und steht nicht jedem zu.

War bei einem dieser fünf Sätze eine Regung? Das sind fünf der am meisten antrainierten Glaubenssätze in Bezug auf Erfolg/ Geld in Europa. So wurden wir nun mal erzogen und oft hat einer unserer Elternteile solch einen Satz einmal zur richtigen Zeit am richtigen Ort fallen gelassen und er wurde zu unserer Wahrheit.

Wenn es nicht einer dieser fünf ist, schreibe hier deine drei größten Glaubenssätze auf. Deine Überzeugungen, warum du noch nicht so erfolgreich bist, wie du es gerne wärest:

1.
2.
3.

Die Arbeit an Glaubenssätzen ist zu komplex und auch zu tiefgreifend, um sie einfach in einem Buch abzuhandeln, zumindest für mich. Meistens kann nur in der gemeinsamen Arbeit DER erfolgsverhindernde Glaubenssatz erkannt und möglichst behoben werden. Aber ich hoffe sehr, dass ich mit diesem kurzen Ausschnitt klar machen konnte, welche Relevanz Glaubenssätze haben, wenn es um den Erfolg in deinem Business und deinem Leben geht.

Und dann gibt es da noch die Limitierungen, die tiefer greifen – deine ÜBERZEUGUNGEN!
Die Welt ist so, wie du sie siehst und vieles davon ist seit Jahren in deiner Struktur verankert.

Glaubenssätze zu verändern ist nicht schwierig. Du erkennst sie, formulierst die Gegenseite und dann trichterst du sie dir ein, immer und immer wieder.

Aber Überzeugungen – also deine Brille, die du dir aufgesetzt hast, durch die du diese Welt siehst – lassen sich nicht in einfachen Sätzen sagen. Das sind Gedankenmuster und damit verbundene Gefühle, die so tief verankert sind, dass du sie nicht einfach mit einem Fingerschnips lösen kannst.

Aber du erkennst – wenn du das Leben und deine Säulen wie Geld, Beruf(ung), Liebe, Beziehungen, Gesundheit, Fitness etc. anschaust und siehst, wo du noch nicht deinen Traum lebst, dass genau dort Überzeugungen vorhanden sind, die deinen Traum limitieren und dich in deinem Konstrukt gefangen halten.

Und dort geht die tiefe innere Arbeit los. Hole dir hier bitte einen Mentor an deine Seite, der aus einer neutralen und sehr erfahrenen Sicht hilft, die

Überzeugungen zu benennen, zu erkennen und zu transformieren. Das ist keine kurze Coachingsession, sondern intensive innere Arbeit. Aber die lohnt sich – wahrscheinlich mehr als alles andere. Denn deine Überzeugungen sind wie Seile. Entweder erlauben sie dir, so hochzusteigen, wie du es dir erträumst, dich vielleicht sogar hochzuziehen. Oder sie ziehen dich trotz jeder Anstrengung immer und immer wieder nach unten.

Nun zum mitunter wichtigsten Thema: Deinem Beweggrund, deiner MOTIVation. Nur, wenn du deinen wahren Beweggrund kennst, kannst du durch tiefe Täler gehen und bist gewappnet, wenn die «harten» Situationen im Leben auf dich zukommen.

6. Geheimnis: Das allbekannte WHY

Wir alle können es nicht mehr hören:
Hey Chica, was ist dein WARUM?
In jeder Persönlichkeitsentwicklung geht es darum und ganz ehrlich, früher oder später stellt sich jeder einmal die Fragen: Warum bin ich eigentlich hier? Was ist mein Sinn des Lebens?

Ich bin der Meinung, dass wir nicht immer EINE Antwort auf die Frage «Warum bin ich hier und was will/ soll ich hinterlassen?» haben. Definitiv sollten wir durch unser Dasein dazu beitragen, die Welt reicher und besser zu machen, als sie es vor unserem Dasein war. Verdienen kommt von dem Wort DIENEN. Sei bereit, zu dienen und auch ein Pricing an deine Leistung zu setzen – sonst wird es auf Dauer sehr zäh.

Dein Unternehmen oder das, in dem du arbeitest, sollte ebenfalls das Ziel haben, die Welt ein Stückchen reicher und besser zu machen. Natürlich definiert dies jeder anders. Der eine würde nun sagen, dass Elon Musk zwar behauptet, die Welt durch Elektroautos besser zu machen, aber er die Umwelt auf der anderen Seite auch wieder belastet. Denn irgendwoher muss die Energie ja kommen. Okay, sind wir ehrlich, wir finden in jeder Suppe ein Haar, oder?

Dein Ziel ist es, zu wissen, dass deine Arbeit dazu beiträgt, die Welt ein Stückchen besser zu verlassen, als du sie vorgefunden hast. Denn eine Sache hat Elon Musk mit Sicherheit verstanden. Menschen folgen Menschen, die eine größere Vision haben. Sie folgen dem WHY. Simon Sinek hat es richtig gesagt: Das WARUM ist wichtiger als das WIE und das WAS. Wenn du Mitarbeiter hast, wollen diese wissen, was ihre

Sinnhaftigkeit in ihrer Tätigkeit ist. Dein Unternehmen benötigt eine tiefere Daseinsberechtigung.

Den meisten Frauen – auch den meisten Männern übrigens – fällt es äußerst schwer, das WARUM ihres Unternehmens zu definieren. Denn das Wichtigste dabei ist, dass es deinem persönlichen Warum entsprechen sollte. Ansonsten wird es schwierig bei Rückschlägen, Misserfolgen und Wellengang am Ball zu bleiben. Das ist einer der Hauptgründe, warum es bei einem eigenen Unternehmen so wichtig ist, ein Warum zu haben und vor allem eines, was dir und deiner Persönlichkeit entspricht. «Wer ein starkes Warum hat, erträgt jedes Wie» sagte schon Nietzsche und genauso ist es auch.

Der Weg zum Erfolg ist nicht mit Rosenblättern bestreut und schreitet flower-power-mäßig voran. Oft tut er weh, ist steinig und schwierig, denn du musst über dich hinauswachsen, loslassen lernen, Glaubenssätze erkennen und auflösen, Menschen hinter dir lassen, manchmal alles hinter dir lassen. Also musst du wissen, wofür du das alles machst. Geld als Motivation allein reicht nicht aus, um lange genug am Ball zu bleiben.

Um ein Warum zu haben, das dich immer wieder motiviert, dass dein Herz brennen lässt und dir Kraft gibt und dich immer und immer wieder aufstehen lässt, musst du tief in dich hineinhören und dir folgendes überlegen:
Wenn es einen Gott gibt – was hat er/es dir mitgegeben an Stärken, an Erfahrungen und an Charaktereigenschaften sowie Bedingungen, die du nutzen kannst, um anderen Menschen einen Mehrwert zu bieten? Um die Welt ein Stückchen reicher, besser oder entwickelter zu hinterlassen?

Schaue z.B.in die Zeit zurück, als du ein Kind warst. Was konntest du besonders gut? Was haben deine Eltern stolz über dich erzählt? Was machst du einfach gerne? Was geht dir «leicht von der Hand»? Was ist dir passiert, wovor du andere Menschen vielleicht bewahren möchtest?

Schreibe hier nun alles auf, was dir dazu einfällt:
Was kann ich besonders gut?

Was mache ich gerne?

Was waren schon in der Kindheit Stärken von mir?

An welchen Orten fühle ich mich besonders wohl?

Welche Schicksalsschläge sind mir widerfahren?

Weswegen kommen Menschen zu mir?

All das sind Dinge, die dich einem Teil deines Warums näherbringen. Dein Leben muss nicht immer aus EINEM einzigen WARUM bestehen. Es kann auch sein, dass du in deinem Leben mehrere Dinge tun wirst auf verschiedenen Ebenen. Aber eines ist klar: Für dein eigenes Business benötigst du ein WHY – denn das WIE kommt, wenn das WARUM steht und das WAS ist dann deine Businessstrategie.

7. Geheimnis: Deine Businessstrategie & Ziele

Ohne Ziele weiß dein Navi leider nicht, wo es hingeht. Und Ziele solltest du festhalten in einem Businessplan.

Du weißt jetzt um deine männliche und weibliche Energie, du hast dich dazu durchgerungen, dass es dir egaler ist, was andere von dir denken, hast deine Werte deklariert, schaffst es, deine Traumzukunft nicht nur zu visualisieren, sondern auch jeden Tag wirklich daran zu glauben, dass sie wahr wird, arbeitest aktiv an deinen erfolgsverhindernden Glaubenssätzen und kennst das WHY deines Business.

Jetzt geht es an die Umsetzung. Und so blöd es klingt, ohne die Umsetzung bringt dir der Rest gar nichts. Dann bist du zwar in deiner Persönlichkeit entwickelter als viele andere Frauen und Unternehmerinnen, aber das allein bringt dir keinen Erfolg im Business. Es muss eine klare Strategie her und dazu habe ich drei Tools für dich, mit denen ich bisher jedes Unternehmen aufgebaut habe und auch mehr Klarheit im Innen und Außen gefunden habe:

1. Der schriftliche Businessplan. Es gibt einen Grund, warum Banken und Investoren diesen Plan verlangen. Anfangs habe ich mich dagegen gesträubt. Hauptsache eine ungefähre Ahnung davon haben, was man machen will und einen Zahlenplan, aber warum einen schriftlichen Businessplan? Doch dieser Plan ist der allerwichtigste, denn hier stellst du alle Defizite fest, die deine Businessstrategie hat oder haben wird, setzt dich noch mehr damit auseinander, was genau du eigentlich machen möchtest und läufst nicht Gefahr, dass alle drei Monate alles zu ändern, weil der Markt sich verändert. Ein ordentlicher,

schriftlicher Businessplan umfasst folgende Punkte:

- Eine Erklärung des WHY: WARUM braucht es dein Unternehmen auf dem sowieso schon überfüllten Markt?
- Wieso bist du/ seid ihr die richtige/n Person/en, um dieses Business aufzubauen oder zu übernehmen?
- Eine Marktanalyse: Wen gibt es auf dem Markt schon, der das gleiche oder ähnliches macht, wo gibt es ihn und was unterscheidet dich von ihm?
- Deinen USP: Was hast du, was DEFINITIV kein anderer hat? Kundenbetreuung? Das haben alle! Gutes Preis-Leistungsverhältnis? Das erzählen alle…
- Eine klare SWOT-Analyse (Stärken vs. Schwächen/ Chancen vs. Risiken)
- Eine Zielgruppenanalyse: Wer ist DIE Zielpersona (ganz genaue Beschreibung!)
- Eine Umfeldanalyse: WO positionierst du dich und warum gerade hier?
- Eine Beschreibung deines genauen Angebotes
- Deine Marketing-/ Verkaufsstrategie

2. Die Berechnung (der Zahlenteil) und zwar auf drei Jahre berechnet. Dort muss alles rein: Ausgaben, Einnahmen, Risikopuffer (also Kunden, die nicht zahlen), MwSt. usw. Zudem sollte dieser Teil einen Worst-, einen Normal- und einen Best-Case enthalten.

3. Der letzte Teil ist das «Herunterbrechen» auf einen Jahresplan und ein Budget. Hier geht es darum, klar zu deklarieren, was in den nächsten zwölf Monaten passieren wird, von wem es ausgeführt wird, wer es kontrolliert (wenn du Mitarbeiter hast)

und wann. Ich nenne diesen Teil auch gerne die SMARTe Jahresliste. Denn alles sollte klar spezifisch und messbar aufgeführt werden. Das Budget sollte realistisch und vor allem nicht deprimierend sein. Stell dir mal vor, du weißt bereits im Januar, dass du dieses Jahr ordentlich Verlust machen wirst – nicht sehr motivierend, oder?

Jetzt hast du sicherlich eine Menge zu tun, bevor es an die letzten drei Punkte der TOP 10 SECRETS geht.

Solltest du zu diesem Secret mehr Fragen haben oder gerne den Blanko-Businessplan, Zahlenteil, Jahresplan sowie das Budget benötigen, kannst du uns gerne eine E-Mail schreiben an:
info@as-businessmentoring.ch

(übrigens kannst du das so oder so machen, auch wenn du mir ein Feedback geben möchtest oder deine persönliche Story erzählen willst ☺)

8. Geheimnis: Where focus goes, Energy flows

Das ist einer meiner absoluten Lieblingssätze, denn er ist zu 100% wahr. Dorthin, wohin dein Fokus ausgerichtet ist, dahin fließen die Energie und somit die Ergebnisse.

Wohin richtest du deinen Fokus Tag für Tag? Und sage jetzt bitte nicht aufs Arbeiten, das ist nämlich nicht der Fokus. Was genau tust du beim «Arbeiten»? Löst du den ganzen Tag Probleme? Dann werden immer mehr und mehr Probleme auf dich warten. Auf all das, was noch nicht funktioniert, also den Mangel? Dann wird es davon immer mehr und mehr geben. Oder auf Lösungen und gewinnbringende Ergebnisse? Dann wirst du davon ebenfalls immer mehr und mehr ernten.

Einer meiner größten Schlüssel zum Erfolg war, als ich mir und auch meine Mitarbeiter sich selbst am Anfang der Woche drei «Miniziele» als Fokus gesetzt haben, die den Gewinn des Unternehmens steigern sollten. Das ist der erste von drei wichtigen Schritten. Setze deinen Fokus immer am Anfang deiner Woche sehr KLAR. Wo willst du hin? Was sind drei erfolgsbringende Miniziele, die dein Unternehmen seinem Jahresziel näherbringen? Ich setze mir diesen Fokus sogar jeden Tag. Was sind die drei Dinge, so klein sie auch sein mögen, die ich heute tun kann, um meinem Ziel näher zu kommen?

Der zweite Schritt ist: HALTE DICH DARAN! 80% deines Tages solltest du dich genau mit dieser Zielerreichung beschäftigen und mit NICHTS anderem! Frage dich jeden Abend: Habe ich es geschafft, mich von z.B. acht Stunden mindestens sechs Stunden mit der Zielerreichung zu beschäftigen? Wenn nein, dann müssen es morgen mehr werden. Das Leben testet dich immer wieder, wie sehr du etwas wirklich willst. Du kannst nicht erwarten, eine Million Euro pro Jahr Gewinn zu machen und gleichzeitig nur damit beschäftigt zu sein, dein Geld auszugeben, in den Urlaub zu gehen oder sonst irgendwas zu tun. Where focus goes – energy flows. Überlege dir in jeder Stunde, was du JETZT gerade tun kannst, um einem deiner Wochenziele ein Stück näher zu kommen.

Auch als Führungskraft solltest du genau das und nichts anderes tun. Jeder Mitarbeiter setzt sich bei mir drei Miniziele für die Woche, die an seine Jahresziele angelehnt sind, die wiederum an die Jahresziele des Unternehmens angelehnt sind. Und dann geht die Woche los und ich als oberste Führungskraft arbeite mit meinem Kontrollinstrument, um zu prüfen, ob meine Führungskräfte ihren Fokus behalten und sie machen dasselbe mit ihren Mitarbeitern.

Und der dritte Schritt? Der nennt sich klares Commitent und Ausdauer. Wie oft habe ich schon Menschen erlebt, die in meinen Workshops klar ihre Wünsche und Ziele für ihr Leben kommuniziert haben, an ihren Glaubenssätzen arbeiteten und dann bei der ersten Schwierigkeit alles über den Haufen warfen und sich etwas Neues aussuchten, um dort voller Motivation und Spaß wieder von vorne zu starten.

Das Leben macht nicht immer Spaß! Erfolge erzielen macht nicht immer Spaß! Aber es geht im Leben auch nicht um Spaß, es geht um Freude und es geht um den Weg. Und Freude entsteht in dir und vor allem entsteht Freude, wenn du dranbleibst und dann kleine Erfolge siehst. Natürlich wirst du Misserfolge haben. Dein Leben wird nicht einfach so vor sich hinflowen und alles funktionieren. Wir wachsen nun mal nur in den schwierigen Zeiten. Das gilt auch für ein Unternehmen.

Wenn du dir ein Ziel ausgesucht hast, dieses Ziel fühlst und erreichen willst, dann bleibe verdammt nochmal dran und gebe nicht gleich bei der ersten Schwierigkeit auf.

Es gibt einen massiven Unterschied zwischen Loslassen und Aufgeben.
Loslassen darfst du, wenn ALLES funktioniert und du dein Ziel erreicht hast. Wenn ich dich dann in deine anfängliche Vorstellung dieses Ziels hineinführe und du es nun nicht mehr erreichen möchtest, weil sich dein Leben und deine Prioritäten geändert haben. Aber nicht, wenn es einfach mal nicht läuft oder das Leben dir Herausforderungen vor die Füße wirft.

Es gibt so viele Beispiele hierfür. Zum Beispiel Edison (das war der mit den ca. 9000 Versuchen der ersten Glühbirne) oder Steve Jobs oder J.K. Rowling… Es gibt aber sicherlich auch weniger berühmte Menschen, die dies bestätigen würden – einer davon bin ich.

Ich habe mit 26 das erste Business aufgebaut und stand ein Jahr später kurz vor dem Scheitern. Dann sind wir umgezogen und haben quasi wieder bei null angefangen, innerhalb von drei Jahren fünf Standorte eröffnet. Dann kam Corona. Jetzt, weitere zwei Jahre später wollen wir ein neues Unternehmen eröffnen. Du hast keine Ahnung, wie oft ich in dieser Pandemie da stand und nicht gewusst habe, wie wir, das erst vier Jahre alte Unternehmen ohne Rücklagen (wie auch, wenn andauernd neue Standorte eröffnet werden ☺) durch diese Zeit kommen sollten. Wie oft ich nicht gewusst habe, wie ich die Löhne am nächsten Tag bezahlen soll.

Aber eine Sache kann ich dir sagen: Ich gebe NIEMALS auf! Ich liebe meine Unternehmen wie meine Kinder. Wir haben so viel gelernt in dieser harten Zeit und ich habe unser Ziel nicht aus den Augen verloren.

Zudem will ich ein Vorbild sein, für andere Frauen und Unternehmerinnen und auch für meine Mitarbeiter und meinen Sohn. Und wie wäre ich das, wenn ich die Flinte ins Korn werfen und sagen würde, hmm, dann mache ich eben jetzt was anderes.... NIEMALS!

Es ist wie im Sport. Belohnt werden die, die bereit sind, die Extrameile zu gehen. Die noch eine Wiederholung mehr machen, wo andere aufgehört haben. Die bereit sind, alles zu geben, um ihr Ziel zu erreichen.

Also, Lady: Where focus goes, energy flows – where does your focus go?

9. Geheimnis: XOXO – Gossip Girl

Kennst du den Spruch: Zeig mir deine Freunde und ich sag dir, wer du bist? Genau darum geht es in diesem vorletzten Kapitel.

Es geht um dein Umfeld und vor allem – um dein direktes Umfeld.

Hier scheiden sich die Geister und ich bin der Meinung, dass das nur so ist, weil die meisten es einfach nicht wahrhaben wollen und deswegen diesen unsagbar wichtigen Punkt ignorieren. Aber du kannst mir glauben, es ist wahr. Und wenn du mir nicht glaubst, frag eine erfolgreiche Person. Sie wird mir recht geben.

Dein Umfeld ist für deinen Erfolg entweder Treibstoff oder Treibsand. Menschen, die dich aktiv von deinem Erfolg abhalten wollen, sind GIFT für dich!

Wirklich, im wahrsten Sinne des Wortes, GIFT. Wie ein giftiger Stachel, der dich sticht, und sein Gift in deinen Körper pumpt.

Natürlich kannst du überleben und du kannst dein Ziel auch erreichen, aber du kommst deutlich geschwächter und deutlich langsamer vorwärts. Du machst dein Leben unnötig schwierig.

Wir möchten alle ein erfolgreiches, gesundes und glückliches Leben haben, aber sind eben manchmal nicht dazu bereit, das zu tun, was erforderlich ist. Hierzu gehört das Loslassen von Ballast.

Wir schleppen unseren Ballast mit und sagen, «jaja, das geht schon irgendwie». Der Mensch ändert sich vielleicht im Laufe der Zeit… NEIN! Es ist sehr selten, dass, wenn jemand vom Tellerwäscher zum Millionär wird, er am Ende noch dasselbe Umfeld hat wie als Tellerwäscher – wie auch? Ich erkläre es dir genauer:

Unsere fünf wichtigsten Menschen um uns herum bestehen meistens aus Partner, Familie und den engsten Freunden. Du hast dich in deinem Lebensnest eingerichtet und die Menschen um dich herum haben ihres. Du hast dich irgendwann dazu entschieden mit diesen Menschen zusammen zu sein, mit diesen befreundet und mit diesem oder jenem aus der Familie mehr zu tun zu haben.

Auf einmal bekommst du eine «seltsame Anwandlung», wie Menschen um dich herum hinter deinem Rücken sagen werden, wenn du anfängst dich zu entwickeln, Visionsboards erstellst, auf Seminare gehst und Bücher über Persönlichkeitsentwicklung und Unternehmertum liest. Du triffst die Entscheidung, etwas in deinem Leben zu ändern. Entweder möchtest du dich selbstständig machen oder umziehen oder eine neue Position annehmen. Du möchtest ein anderes NEST bauen – manchmal sogar an einem anderen Ort.

Es ist sehr egoistisch von dir zu erwarten, dass alle um dich herum auch ihre sieben Sachen packen und ihr Nest verlassen oder umbauen, nur weil du das willst.

Jedem das Seine, denkst du jetzt.

Okay, aber wenn du jetzt genau in diesem Nest bleibst und einfach das gesamte Nest veränderst, aber trotzdem weiterhin mit diesen Menschen Kontakt hast, was glaubst du, was passiert? Du zeigst ihnen JEDEN Tag auf, wie sie nicht sind. Du zeigst ihnen, dass du das, sie haben, nicht mehr haben/ machen/ sein willst, aber gehen willst du auch nicht.

Ein Spalt entsteht.

Viele merken ihre eigene Weiterentwicklung als erstes in ihrer Beziehung. Die entwickelt sich nämlich nur, wenn beide das wollen, nicht, wenn einer das auf einmal will. Es ist sehr selten, dass der Partner eigenständig zum selben Zeitpunkt entscheidet, dass er jetzt auch eine Veränderung braucht – ein neues Nest – und dieses gerade mit deinem zusammenpasst.

Also will dein Umfeld dich zurückhalten, denn es «war doch alles gut, bevor...»

Dann entwickeln die meisten eine leichte Schizophrenie. Sie versuchen beides. Mal sind sie so, mal so. Mal wollen sie das, mal das. Das ist nicht nur sehr anstrengend, es ist auch einfach ungesund. Für die Beziehung zu Menschen, zu sich selbst und auch zu dem, was du willst. Denn das ist kein Commitent.

Ein bekannter Coach sagte mal zu mir: Bei einem Kompromiss verlieren beide – und genauso ist es.

Ich will in meinem Leben, was ICH will. Und ich bin bereit, die Menschen um mich herum loszulassen für die das NICHT STIMMT. Ohne ihnen böse zu sein.

Bei der Familie ist das nicht immer so einfach, aber auch hier sage ich, du liebst deine Familie immer. Ob du ständig Zeit mit ihnen verbringst, ist deine Entscheidung.

Meine fünf wichtigsten Menschen um mich herum bestehen z.B. aus keinem einzigen Familienmitglied. Natürlich ist meine Familie mir wichtig und ich liebe sie. Aber sie ist eben in einem anderen Dorf, in einem anderen Nest ☺.

Meine fünf wichtigsten Menschen sind nicht alle erfolgreiche Unternehmer. Darum geht es gar nicht. Es sind Menschen, die mich unterstützen, an mich glauben, mich supporten und mir gute Energie geben, die mich aber auch triggern, die mir zeigen, wo ich noch wachsen darf, die mir nicht immer Honig ums Maul schmieren.

Deine fünf Menschen müssen nicht immer dein direktes Umfeld sein, es können auch Menschen aus Büchern, Coaches, Vorbilder und andere inspirierende Persönlichkeiten sein.

Ich habe mir mein engstes, beeinflussendes Umfeld aus fünf Menschen erschaffen, die in Bezug auf das, was ich in meinem Leben erreichen/ haben/ sein möchte, dort sind, wo ich hinwill. Und es ist eine Person dabei, mit der ich persönlich (noch) keinen Kontakt hatte, aber die mich inspiriert und mich zum Wachstum anregt.

Wenn du zum Beispiel das Ziel hast, zum Mond zu reisen, dann kann es sein, dass Elon Musk oder auch Neil Armstrong in deinem Gremium der fünf Menschen sitzen. Wenn du das Ziel hast, eine der führenden Speakerinnen zu werden, dann kann es sein, dass Oprah dort sitzt. Oder vielleicht ein Elternteil, zu dem du eine enge Bindung hast und bei dem du weißt, dass du immer einen weisen Ratschlag erhältst. Oder ein Coach, eine gute Freundin, dein Psychologe oder auch dein weises älteres Ich...

Wenn du eine Frage, ein Problem oder eine Schwierigkeit in deinem Leben hast, dann gehst du in Gedanken zu diesen Menschen. Jede dieser Personen darf seinen «Senf» zu deinem Anliegen dazu geben und dir sagen, was er/sie machen würde oder dir zu etwas raten. Du wirst verwundert sein, wie klar manche

Antworten sein werden und wie sehr dieses Gremium dir helfen wird.

Eine Sache möchte ich noch sagen, weswegen auch der Titel entstanden ist. Wir Frauen bewegen uns oft in Kreisen, in denen ein ständiges «Gegossipe» vorherrschend ist. Das ist einfach, denn dann denken wir über andere nach und nicht über uns selbst. Wir rechtfertigen damit unsere Ohnmacht, Handlungsunfähigkeit und sonstige Schwachstellen. Wir machen andere klein und fühlen uns besser. Das machen glaube ich früher oder später alle Frauen mal – no judgement. Aber irgendwann kommt der Zeitpunkt, da darfst du dort aussteigen. Deine Energie fließt den ganzen Tag. Richtest du sie auf andere Menschen, gibst du ihnen Energie und da die Frage – wozu?

Du willst dir DEIN Traumleben erschaffen und dazu benötigst du jedes Fünkchen Energie, das dir zur Verfügung steht. Warum also immer wieder die Energie auf andere, anstatt auf dich selbst zu lenken.

Diese Strategien für dein Umfeld werden es dir um ein Vielfaches erleichtern, deine Ziele zu erreichen. Auch wenn es am Anfang schwierig ist, manche Menschen loszulassen, erinnere dich immer daran: Du hast nur DIESES EINE LEBEN, das ist keine Generalprobe, das ist der verdammte Auftritt!

10. Geheimnis: Perfektion ist der Tod des Erfolges – FANG HEUTE AN!

Das zehnte und letzte Geheimnis ist ziemlich simpel, aber es ist auch das, was die meisten Menschen daran hindert, erfolgreich zu werden.

Lady, FANG AN! Warte nicht darauf, bis der «richtige Zeitpunkt« kommt, der ist jetzt! Sonst hättest du dieses Buch nicht bis hierhin gelesen. DU bestimmst, wann der Zeitpunkt ist, da er von außen nicht kommen wird! Aus Angst nicht anzukommen, laufen wir leider häufig erst gar nicht los.

Der Grund, warum ich die «Sisterhood Academy» gegründet habe, ist nicht der, dass es nicht schon unzählige Coaches gibt, die Frauen dabei helfen, ihr Business aufzubauen, Strategien teilen und Businesspläne verteilen, sondern der, dass es meine Mission, mein Purpose, meine Leidenschaft und meine Aufgabe ist.

Ganz ehrlich, wir haben IMMER das Gefühl, noch nicht rauszugehen, noch nicht anfangen zu können, oder?

Es gibt immer noch etwas vorher zu tun.

Und wir wissen NIE, ob das ganze Erfolg haben wird. Aber Unternehmerin sein heisst: UNTERNEHMEN! Also müssen wir etwas unternehmen, und zwar HEUTE!

Schreibe JETZT die zehn Dinge auf, die du in den nächsten 72 Stunden tun wirst, um dein Business und dich nach vorne zu bringen:

1.

2.

3.

4.

5.

6.

7.

8.

9.

10.

JETZT!

Der Hauptgrund, warum ich heute die bin, die ich bin, und dort bin, wo ich bin, ist, weil ich GEMACHT habe. Alle suchen nach der perfekten Strategie um erfolgreich zu werden und dann wollen sie sie studieren bis sie das Gefühl haben, sich bereit zu fühlen. Das wird aber NIEMALS passieren, denn bereit fühlen wir uns meistens dann, wenn wir es getan haben.

Ich habe Mitarbeiter eingestellt, bevor ich Arbeit für sie hatte, denn dann musste ich Arbeit für sie finden. Ich habe einen neuen Standort gemietet, bevor ich wusste, was da genau rein soll, aber dann MUSSTE ich mir Gedanken machen. Ich habe einen Auftritt bei Greator im Sommer 2022 gebucht, bevor ich wusste, was ich sagen möchte, aber dann musste ich darüber nachdenken, was ich sagen will.

Du musst mir nichts davon nachmachen, wenn es sich nicht stimmig anfühlt, aber bitte fang mit irgendwas an. Denn Erfolg ist etwas, was erfolgt und eine Folge von etwas kann nur kommen, wenn etwas voran ging.

Lady, du hast nur dieses eine Leben. Alles, was du in deinem Geist siehst, kannst du realisieren. Hast du dir mal überlegt, dass es einen Grund gibt, warum DU diese Wünsche und Gedanken hast? Warum DU genau dieses Bild im Kopf hast? Was wäre, wenn es etwas gibt, das dir, bevor du auf diese Welt gekommen bist, ein paar Sehnsüchte und Situationen in dein Leben gepackt hat, welche dir irgendwann begegnen, DAMIT du diejenige bist, die sie in die Realität umwandeln kann? Wie viele zerplatzte Träume, nicht umgesetzte Ideen, verblasste Bilder und ungelebte Sehnsüchte gibt es hier auf dieser Welt, was glaubst du? Wenn du nicht auf dieser Welt bist, um etwas zu ihr beizutragen – wofür bist du denn dann hier?

Dir kann nichts passieren! Nicht erfolgreich in deinem Business bist du schon, ob in deinen Gedanken oder in real – verloren hast du schon. Du kannst nur gewinnen, wenn du endlich anfängst und wirklich ins Handeln kommst.

Ich wünsche mir so sehr, dass die Welt mehr weibliche Energien im Business hat, mehr weibliche Macht im Finanzwesen, mehr weiblichen Einfluss auf die gesamte Welt. Stelle dir mal vor, ALLE Unternehmen der Welt würden von Frauen geführt... Okay, lassen wir das, es würde in Mord- und Totschlag enden und wir würden uns die High Heels über den Kopf ziehen, aber stelle dir vor es wäre wie das YIN & das YANG – ausgeglichen. Es gäbe wahrscheinlich weniger Kriege und mehr Gespräche. Es gäbe weniger Machtkämpfe und mehr Zusammenhalt. Es gäbe weniger kämpfen und mehr Erlaubnis…. Wir brauchen beides, keine Frage. Aber um den Ausgleich zu schaffen, brauchen wir dich! Dich, deine Idee und deine anpackenden Hände.

Ich möchte dir zum Schluss noch eine Sache mitgeben, die mir besonders am Herzen liegt.
Kein Coach, kein Mentor, NIEMAND kann den Weg für dich gehen. Gerade in unserer heutigen Zeit werden in den Sozialen Medien Ziele und Träume verkauft, als wäre das was, was man mal kurz an einer Tankstelle holen kann. NOPE. Der Weg verkauft sich nicht so gut, aber den Weg musst du gehen. Und es kann dir niemand sagen, wie lange er sein wird oder wie er aussehen wird. Ich liebe die Arbeit jedes einzelnen Coaches, weil es zeigt, dass Menschen anderen Menschen helfen und ihre Erfahrung weitergeben. Aber eine Sache, die mir nicht schmeckt, ist, dass bei all dem Marketing was da draußen passiert, gewisse Wahrheiten weggelassen werden. Lass es mir dir aus sieben Jahren Unternehmertum und vielen Fehlern trotz vieler Mentorings und Coachings sagen: Du wirst deinen eigenen Weg finden und der ist zu 100% richtig.

Denn es ist DEIN Leben und DEIN Weg.

Ermächtige dich selbst zur Königin deines Unternehmens und mache es so, wie es sich für dich stimmig anfühlt. Sei stolz auf jeden kleinen Erfolg, aber auch auf jeden Misserfolg, denn genau diese Misserfolge haben dich Erfahrung gelehrt und du wirst nicht darum herumkommen, sie zu machen.

Mache eine Sache niemals. Gib deinen Traum nicht auf! Du weißt nie, wann der Tag kommt, an dem sich das Blatt wendet. Du weißt nie, wofür etwas gut war, und du hast dieses Leben geschenkt bekommen, um dir daraus das zu kreieren, was in deinen Vorstellungen möglich ist.

Und jetzt versprich dir selbst:
«Ab jetzt gibt es kein Zurück mehr. Ich werde meinen Weg gehen und werde mein eigenes Unternehmen aufbauen. Denn die Welt wartet darauf.»

Anna Schepperle, geboren am 17.5.1990 in Lörrach ging mit 26 Jahren den Weg der Selbstständigkeit. Ihr erstes Unternehmen war eine Coaching Academy für Menschen, die sich in ihrem Leben mit einem Business verwirklichen wollen.

Um ihre Fähigkeiten als Coach mit Erfahrung zu ergänzen, gründete sie ein weiteres Business in der Gesundheitsbranche. Sie baute sich aus dem Nichts ein Multi-Millionen-Business auf, führte 50 Mitarbeiter und galt als «Leaderin Par Excellence».

Aktuell lebt sie in der Schweiz mit ihrem Mann und ihrem Sohn. Sie konzentriert sich auf ihre «Sisterhood Academy», in der sie Unternehmerinnen und selbstständigen Frauen mit ihrem selbstentwickelten Konzept dabei hilft, sich ein erfolgreiches Business aufzubauen.